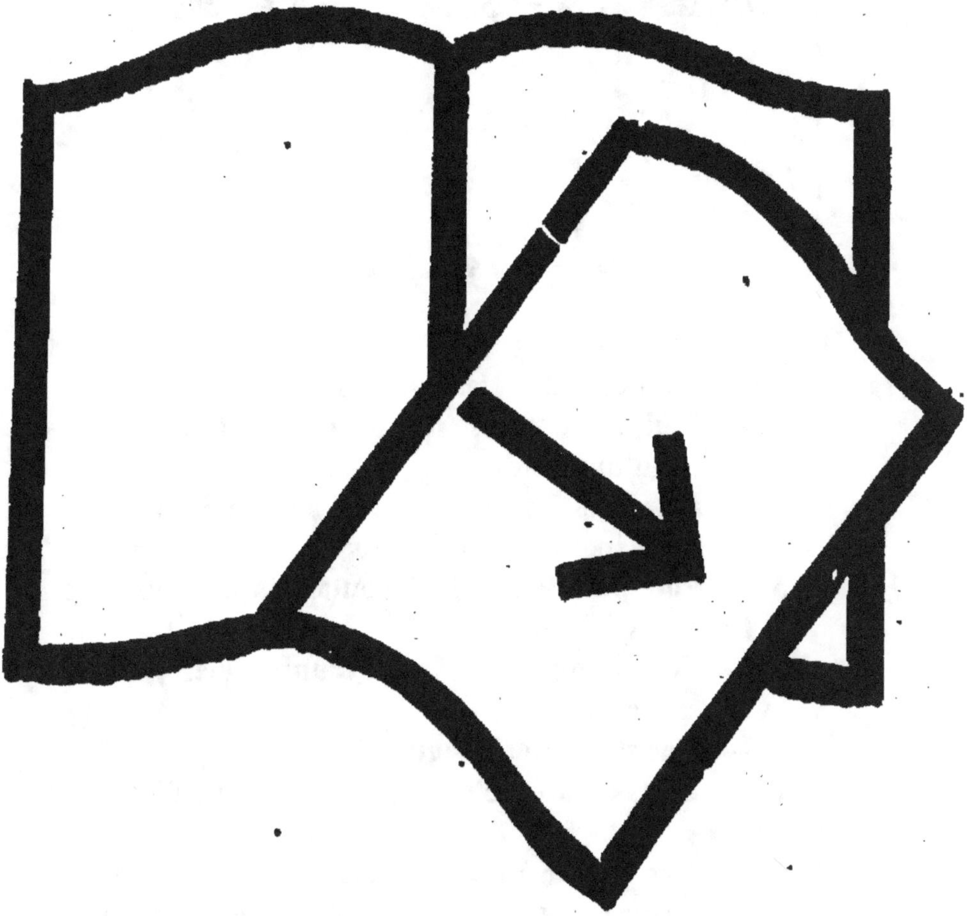

Couvertures supérieure et inférieure manquantes.

DÉSIGNATION
DES OBJETS.

TABLEAUX ET ÉTUDES PEINTES.

1 — Vue de Roveredo.
2 — Cascade entre des rochers.
3 — Tableau de nature morte : groupe de gibier auprès d'un arbre.
4 — Autre de même genre avec attributs de chasse suspendus à un arbre.
5 — Vue prise dans les montagnes du mont Dore, en Auvergne.
6 — Vue d'une ferme près d'une rivière, en Normandie.
7 — Vue prise en Bretagne.
8 — Le coup de soleil derrière un moulin à vent.
9 — Vue prise à Saint-Servan.
10 — Paysage avec rivière tombant en cascade entre des rochers.
11 — Vue du castel Gondolfo, près du lac Albano.
12 — Rochers au bas desquels un ruisseau tombant en cascade.
13 — Marine avec barques de pêcheurs.

DEBUT DE PAGINATION

14 — Paysage coupé par une rivière qui est traversée par un pont.
15 — Le moulin d'Essone.
16 — Ruines d'un vieux pont. Effet de soleil couchant.
17 — Vue de Genessano et de son lac.
18 — Vue de l'église de Royat, en Auvergne.
19 — Vue de rochers au bas desquels coule une rivière; sur le devant un pêcheur à la ligne.
20 — Vue prise en Savoie.
21 — Vue de rochers, en Auvergne.
22 — Paysage. Vue prise en Normandie.
23 — Autre paysage. Vue prise en Italie.
24 — Etude de chênes verts, à Marino.
25 — Etude de chêne; sur le devant une mare.
26 — Vieux château en ruine sur des rochers, sur le devant des eaux et de petits personnages.
27 — Chênes. Une paysanne assise et vue de dos.
28 — Etude de sapin dans les montagnes du mont Dore. Effet de soleil couchant.
29 — Autres études de sapins; sur le devant, des eaux tombant en cascade.
30 — Autre étude à Fontainebleau.
31 — Moulin en Normandie, sur les bords de l'Orne.
32 — Vue prise à Berne.
33 — Autre vue à Toulouse.
34 — Autre à Fontainebleau.
35 — La plage de Trouville.
36 — La plage de Granville.

37 — Rochers dans les gorges d'Apremont. Effet de brouillard.
38 — Vue prise à Thiers.
39 — Vue prise à Landernau.
40 — Vue du pont Neuf à Paris. Effet de brouillard.
41 — Vue de la Chambre des Députés.
42 — Etude de barques à Caen.
43 — Chemin de Saint-Sauveur à Gavarni.
44 — Etudes de barques au Havre.
45 — Vue de Kollmann, dans le Tyrol.
46 — Moulin à Kollmann, Tyrol.
47 — Vue du village de Trouville.
48 — Vue de fabriques au bord d'une rivière, à Rennes.
49 — Entrée du port d'Honfleur.
50 — Vue du Trou de l'Enfer, à Thiers.
51 — Vue prise à Trouville.
52 — Vue prise à Fontainebleau.
53 — Carrefour du Bas-Bréaut à Fontainebleau.
54 — Vue prise sur les hauteurs d'Honfleur.
55 — Vue prise à Thiers.
56 — Vue prise à Meringen.
57 — Vue du château de Chatelard, à Vevay.
58 — Vue du Rhin au-dessus de Bingen.
59 — Vue d'un four à briques, à Harfleur.
60 — Châlet à Unterseen.
61 — Vue du pont de Touques.
62 — Vue de la Marne, près de Champigny.
63 — Autre vue des bords de la Marne, avec bateau.

64 — Vue prise à Meringen.
65 — Autre vue prise à Meringen.
66 — Autre d'un châlet, à Meringen.
67 — Vue d'une chapelle à la Roche-Maurice, en Bretagne.
68 — Un chemin creux en Normandie.
69 — Vue générale de la ville de Caen.
70 — Un châlet à Meringen.
71 — Chaumière en Normandie.
72 — Vue prise à Fontainebleau.
73 — Vue prise sur le Rhin, à Bonn.
74 — Esquisse de paysage. Effet de soleil couchant.
75 — Vue de la plage aux bains, à Granville.
76 — Vue prise à Harfleur.
77 — Groupe de maisons à Rennes.
78 — Aqueducs de Bonan, près de Lyon.
79 — Vue du Havre.
80 — Eglise des Templiers à Luz, près de Saint-Sauveur.
81 — Plage d'Honfleur du côté de l'hôpital.
82 — Etude de marais à Fontainebleau.
83 — Vue générale d'Honfleur.
84 — Chemin sur les hauteurs d'Honfleur.
85 — Vue prise à Trouville.
86 — Le lac de Genève à Vevay.
87 — Un moulin à eau à Périgueux.
88 — La tour des Rats sur le Rhin.
89 — Vue des falaises de Dieppe.
90 — Vue du cours de l'Orne.
91 — Vue prise à Trouville.

92 — Etude de mer à Trouville.
93 — Un four à briques dans la vallée d'Etampes.
94 — Etang dans les Vosges.
95 — Vue générale de Granville, du haut des falaises.
96 — Vue d'Etretat.
97 — Autre vue d'Etretat.
98 — Autre vue d'Etretat, prise au bord de la mer.
99 — Rochers au bord de la mer, à Saint-Pol de Léon, Bretagne.
100 — Vue du vieux Francfort.
101 — Moulin à Petit-Brie, sur la Marne.
102 — Vue du quai de Granville.
103 — Falaises d'Etretat.
104 — Vue prise à Courandlin, duché de Bade.
105 — Vue prise à Fontainebleau.
106 — Vue du lac Albano.
107 — Vieilles maisons à Uzerches.
108 — Vue prise à Fontainebleau.
109 — Vue prise à Etretat.
110 — Etudes de hêtres au bord d'un torrent.
111 — Clocher de la Roche-Maurice, en Bretagne.
112 — Le pont de Touques. Effet du soir.
113 — Cascade à Reinchembach à Meringen.
114 — Vue prise à Périgueux.
115 — Vue prise à Fontainebleau.
116 — Etude de hêtre à Fontainebleau.
117 — Vue d'un quai à Trouville.
118 — Vue générale de la ville de Clermont, prise du chemin de Royat.

119 — Vue des Tuileries.
120 — Vue du clocher de Saint-Pierre, à Caen.
121 — Vue d'un moulin à Champigny.
122 — Vue prise sur les hauteurs d'Honfleur.
123 — Vue prise sur la route de Naples.
124 — Deux études prises à Trouville.
125 — Vue prise dans le bois de Boulogne.
126 — Vue de la Roche-Maurice.
127 — Maison à Uzerches.
128 — Groupe de chênes à Fontainebleau.
129 — Plage à Honfleur.
130 — Vue prise à Périgueux.
131 — Vue générale de Petit-Brie, sur la Marne.
132 — Etude de mer.
133 — Etude prise à Royat.
134 — Vue du glacier de Roselawi.
135 — Etude d'un tronc de chêne à Fontainebleau.
136 — Vue générale de la Yunghfrau, prise d'une carrière.
137 — Vue du lac d'Oos dans les Pyrénées.
138 — Vue prise dans le ravin de Thiers.
139 — Vue d'une coutellerie à Thiers.
140 — Vue du moulin de Petit-Brie, sur la Marne.
141 — Vue du chemin des gorges d'Apremont ; Fontainebleau.
142 — Une plage à Honfleur.
143 — Terrains près du lac d'Albano.
144 — Vue des bains de César, à Royat.
145 — Vue prise dans le lac de Méréville.
146 — Fabrique à Coire.

147 — Restes d'un amphithéâtre, à Périgueux.
148 — Etude de cascade à Thiers.
149 — Ruines d'un vieux château, dans la vallée d'Etampes.
150 — Vue prise à Berne.
151 — Vue prise sur la Vienne, au bas de Limoges.
152 — Châlet à Meringen.
153 — Chaumière normande.
154 — Etude d'eau, dans les Vosges.
155 — Vue prise à Rennes.
156 — Etude prise à Meringen.
157 — Vue prise à Trente, dans le Tyrol.
158 — Deux études à Trouville.
159 — Etude de rochers sur le Rhin, dans les Grisons.
160 — Les pierres de Karnac.
161 — Un pont de bois à Kaudershkek.
162 — La gorge d'Enfer, au mont Dore.
163 — La table de César, à Loc Maryaker.
164 — Une maison à Biaritz.
165 — Terrains à Royat.
166 — Rocher volcanique, à Royat.
167 — La table de César, à Loc Maryaker.
168 — Maison à Trouville.
169 — Vue prise à Trouville.
170 — Effet d'orage.
171 — Maison à Royat.
172 — Le Martinet, à Thiers.
173 — Tronc de hêtre, à Fontainebleau.
174 — Tronc de châtaignier, à Royat.
175 — Un moulin sur la Vézère, à Uzerches.

176 — La côte des Phares, au Havre.
177 — Le château de Falaise.
178 — Montagnes de Royat.
179 — Etude de pins sauvages.
180 — Etude prise à Roveredo.
181 — Etude de fonds, prise à Botzen.
182 — Etude de chêne vert, prise à la Ville-Conti.
183 — Etude d'olivier, à Tivoli.
184 — Rocher percé, à Biaritz.
185 — Etude de la côte, à Biaritz.
186 — Etude prise à Dissentis, au bas du mont Saint-Gothard.
187 — Vue de la grotte obscure, à Meringen.
188 — Etude de sapin, dans le Simplon.
189 — Etude d'eau, à Thiers.
190 — Vue générale de Thiers.
191 — Vue dans les montagnes du mont Dore.
192 — Vue de la ville d'Uzerches.
193 — Vue du cours de l'Orne.
194 — Etude de rochers, prise à Thiers.
195 — Vue de la côte de Biaritz.
196 — Ruines, à Tivoli.
197 — Etude prise à Subiacco.
198 — Etude de rochers, à Saint-Pôl de Léon.
199 — Etude prise à la Cava.
200 — Etude à Etretat.
201 — Treize études; paysages et fabriques. (Cet article sera divisé).

DESSINS AU PASTEL.

203 — Torrent traversé par un pont.
204 — Paysage. Un moulin à vent près d'un canal; effet de clair de lune.
205 — Etude de sapins sur des rochers; effet de soleil couché.
207 — Autre avec monticule sur lequel est un château en ruines.
208 — Habitation de paysans au bord de l'eau.
209 — Etude de pins; effet de clair de lune.
210 — Autre de fabrique à laquelle est adossé un arbre; dans le fond une vallée et des montagnes à la suite.
211 — Marine. Effet de soleil couchant; dans le fond, Constantinople.
212 — Etude d'arbre et de terrains.
213 — Maison de paysan. Deux petites figures sont près d'un escalier.
215 — Paysage avec arbres au bord d'une rivière.
216 — Rivage de mer avec plage.
217 — Vieux château auquel on arrive par un chemin taillé dans le roc.
218 — Etude d'arbres et de terrains.
219 — Marine et rochers.
220 — Vue du Vésuve. Sur le devant une habitation au bord de la mer.
221 — Etude de rochers.
222 — Rivage de mer. La mer vient se briser contre des rochers.

223 — Habitation de paysan au bord d'une mare.
224 — Etude de tronc d'arbre près d'un rocher.
225 — Paysage coupé par un pont traversé par un torrent.
226 — Autre. Tête de montagne avec groupe d'arbres près de rochers.
227 — Chaumières auprès d'un étang.
228 — Paysage. Site de montagnes traversé par un pont près duquel une petite maison.
229 — Bâtiments dans l'eau près d'un aqueduc.
230 — Cascade entre des rochers.

DESSINS A L'AQUARELLE.

231 — Vue prise en Italie.
232 — Etude de rochers.
233 — Vue d'une route conduisant à un chemin percé dans un rocher.
234 — Etude d'arbres et de rochers.
235 — Autre de rochers et d'arbres morts.
236 — Paysage. Rochers et arbres.
237 — Plage avec embarcations et mer dans le fond.
238 — Palmiers près d'un monument turc.
239 — Paysage avec cours de rivière; sur le devant un groupe d'animaux.
240 — Etude de rochers.
241 — Etude d'arbres.
242 — Le mont Saint-Michel; effet de soleil couchant.
243 — Arbres et rochers au bord de l'eau.

244 — Marine avec barque montée par des matelots près d'une masse de rochers.
245 — Rochers. Dans le fond clochers gothiques.
246 — Marine. Rochers; dans le fond des barques de pêcheurs.
247 — Etudes d'arbres et rochers.
248 — Rochers près d'un torrent.
249 — Paysage avec maison de paysan adossée à un grand rocher; près de là un pont.
250 — Autre. Sur le devant un arbre près duquel un troupeau et divers personnages.
251 — Autre d'un site d'Italie; effet de soleil couchant.
252 — Plage et rochers à marée basse.
253 — Etude d'arbres au bord d'un ruisseau.
254 — Habitations bâties sur des rochers; sur le devant un ruisseau coule entre des rochers.
255 — Maison adossée à un massif d'arbres; près de là une petite rivière qui s'échappe en cascade.
256 — Etude d'arbres et de rochers.
257 — Paysage. Sur le devant des rochers, derrière un massif d'arbres, et plus loin une grande maison.
258 — Groupe de bâtiments au bord de l'eau; deux petites figures étendant du linge.
259 — Etude de rochers et de pins parasols.
260 — Etude d'arbres et de rochers.
261 — Monument romain en ruines avec aqueduc dans le fond.

262 — Habitations de paysans adossées les unes aux autres.

DESSINS A LA MINE DE PLOMB.

263 — Vue d'Italie avec fabriques au bord de la mer.
264 — Etude de moulin près d'un groupe d'arbres.
265 — Autre d'un groupe de maisons et arbres.
266 — Chemin bordé d'arbres; plusieurs petits personnages sur la route.
267 — Etude d'arbres et de rochers.
268 — Groupe de maisons dans un pays montueux.
269 — Groupe d'arbres.
270 — Entrée d'un village près d'un pont.
271 — Vieille tour en ruine. Sépia.
272 — Chute d'eau entre des arbres et des rochers.
273 — Groupe de maisons au bord d'une rivière.
274 — Monticule au bord d'un lac; dans le fond des montagnes.
275 — Groupe d'habitations au bord de l'eau.
276 — Habitation de paysan dans un site de montagnes.
277 — Ruines d'un vieux château dans des rochers.
278 — Groupe de maisons, près desquelles sont des arbres, sur le devant de l'eau.
279 — Eglise sur le haut d'un terrain.
280 — Paysage avec fabrique dans le fond, et baraque sur le devant.
281 — Etude d'arbres et de rochers.

282 — Habitations au bord d'un canal.
283 — Moulins bâtis sur des piles de pierre et servant de pont.
284 — Etude d'arbres et de rochers, et chute d'eau.
285 — Cascade entre deux rochers.
286 — Etude de fabrique en Italie.
287 — Paysage avec lac et montagnes.
288 — Château fort au bord de la mer.
289 — Etude de paysage et pont.
290 — Paysage avec groupe d'abres près d'une chaumière.
291 — Bâtiments sur une masse de rochers.
292 — Etude de troncs d'arbres.
293 — Vue du dôme des Invalides.
294 — Etude d'arbres.
295 — Groupe de maisons derrière une montagne.
296 — Maisons sur des rochers entourées de broussailles.
297 — Chaumière adossée à un massif d'arbres.
298 — Etude d'arbres.
299 — Autre étude d'arbres agités par le vent.
300 — Tour carrée bâtie sur des rochers; dans le fond plusieurs habitations.
301 — Groupe d'arbres.
302 — Saules au bord de l'eau.
303 — Etude d'arbres.
304 — Chaumières près d'un arbre; sur le devant une mare.
305 — Aqueducs en ruines au bord de l'eau.
306 — Etude d'arbres et de rochers.

307 — Cours de rivière; sur le second plan des habitations près de massifs d'arbres.
308 — Chaumière au bord d'un ruisseau.
309 — Paysage avec habitations de paysans; dans le fond un vieux château en ruines.
310 — Etude d'arbres.
311 — Etude de pins parasols.
312 — Etude de paysage et rochers.
313 — Autre étude.
314 — Habitations rustiques au bord de l'eau.
315 — Groupe de chaumière bâtie sur des rochers.
316 — Maison bâtie sur une arche au bord de l'eau.
317 — Moulin à eau entouré d'arbres.
318 — Eglise de village près de laquelle un massif d'arbres.
319 — Chaumière adossée à un massif d'arbres.
320 — Tourelles flanquant une porte; auprès un hangar.
321 — Etude de saules.
322 — Etude de chaumières et d'arbres.
323 — Groupe de maisons avec groupe d'arbres.
324 — Torrent entre des rochers traversé par un pont rustique.
325 — Vue d'Italie. Fabrique et paysage.
326 — Etude d'un groupe d'arbres.
327 — Barque au bord de l'eau.
328 — Etude de troncs d'arbres.
329 — Etude de terrains.
330 — Autre d'arbres.
331 — Autre d'arbres et cascade entre des rochers.

332 — Autre d'arbres.
333 — Autre d'un pont en ruines.
334 — Autre de troncs de châtaigniers.
335 — Autre d'arbres et de rochers.
336 — Autre de troncs d'arbres et montagnes.
337 — Autre d'arbres et chute d'eau.
338 — Autre de troncs d'arbres.
339 — Autre d'arbres, etc.
340 — Autre de troncs d'arbres.
341 — Autre de vieux château dans des rochers.
342 — Autre de groupe d'arbres au bord de l'eau.
343 — Autre d'arbres.
344 — Vue d'un château au milieu d'un lac; sur le devant un bouquet d'arbres.
345 — Saule au bord d'un étang.
346 — Etude d'un tronc d'arbre feuillé en partie.
347 — Paysage avec groupe de peupliers et saules sur le devant; dans le fond, sur un rocher, des maisons d'habitation.
348 — Maison entourée de broussailles.
349 — Etude d'arbres et de rochers.
350 — Autre de troncs d'arbres, massif de feuilles et rochers.
351 — Autre d'arbre.
352 — Autre de pins parasols.
353 — Autre d'un massif d'arbres avec château dans le fond.
354 — Autre d'arbres.
355 — Autre de sapin.
356 — Autre de palmiers.
357 — Autre de sapins.

358 — Autre d'une vieille tour au bord de l'eau.
359 — Autre d'un groupe d'arbres et de rochers.
360 — Autre d'arbres au bord de l'eau.
361 — Autre d'arbres près d'un chemin.
362 — Paysage avec château dans le fond, bâti sur des rochers.
363 — Vue du chœur de l'église de Saint-Pierre à Caen.
364 — Paysage. Site de rochers avec rivière.
365 — Autre. Effet d'orage avec arbre brisé par le vent sur le premier plan.
366 — Paysage avec église gothique derrière une tourelle crénelée ; sur le devant une rivière coule entre des rochers.
397 — Paysage. Site de montagnes d'un site sauvage et dont les montagnes sont à pic.
368 — Etude d'arbres et rochers ; sur le devant des troncs d'arbres morts et à terre ; forêt du mont Dore.
369 — Tous les articles omis au présent catalogue seront vendus sous ce numéro.

Les acquéreurs paieront cinq pour cent en sus de leurs adjudications, applicables aux frais.

1681   Imp. et lith. de Maulde et Renou, r. Bailleul, 9-11.

www.ingramcontent.com/pod-product-compliance
Lightning Source LLC
Chambersburg PA
CBHW030113230526
45471CB00003B/1404